FRAGMENS

HISTORIQUES.

FRAGMENS
HISTORIQUES

SUR

LA CARRIÈRE CIVIQUE ET MILITAIRE

DE S. Ex. Mgr. LE MARÉCHAL

DE KELLERMANN,

Sénateur, grand Officier de la Légion d'honneur, membre du grand Conseil de la même Légion, Chevalier des ordres de Wittemberg, ancien Général en chef des armées des Alpes et d'Italie, commandant celle de réserve à la 3e et 4e coalition, titulaire de la Sénatorerie de Strasbourg.

Clarorum virorum facta moresque posteris tradere antiquitùs usitatum.
Tac. in vitâ agri.

Par J. G. P. DE SALVE, ancien Commandant de Brigade.

PARIS.

IMPRIMERIE DE RICHOMME,

1807.

Les tableaux que vient de présenter à la Nation monsieur l'adjudant-commandant Duprat, sur les succès militaires de son excellence Mgr. le maréchal DE KELLERMANN, sur ses victoires à Valmy en Champagne, et sur ses belles positions en Italie, sont des monumens élevés à la gloire de notre patrie et de l'illustre chef qui en dirigea les forces dans ces journées à jamais mémorables.

Et moi aussi, qui ai servi sous les ordres de Mgr. le Maréchal, et qui, plus qu'un autre, me suis trouvé à portée de juger des hautes qualités de son cœur, je vais offrir à la postérité quelques fragmens sur la carrière civique et militaire que ce héros bienfaisant a parcourue avec tant de gloire, et qui sera distinguée dans nos annales, autant par des bienfaits répandus sur les militaires français, que par la crainte et la terreur si souvent semées au milieu de leurs ennemis.

Depuis mon retour de l'armée des Pyrénées orientales, j'habite, au pied des Alpes, des lieux agrestes et solitaires, et j'y vis moins avec les hommes qu'avec mes plantes utiles et légumineuses. C'est dans le calme des champs, éloigné des villes, des cours et des grands, que j'esquisse les traits de l'illustre Nestor des armées françaises.

Tu magnanimo Francesco, il qual ritogli
Al furor di fortuna, e guidi in porto
Me peregrino errante, e fra gli scogli
E fra l'onde agitato, e quasi assorto:
Queste mie carte in lieta fronte accogli
Che quasi in voto a te sacrata i'porto.
Forse un dì fia, che la presaga penna
Osi scriver di te quel ch'or n'accenna.

Torq. Tasso, Gierus. lib.

VERS

Pour être mis au bas du portrait de Mgr. le maréchal DE KELLERMANN.

Par la bouillante ardeur du premier des Césars,
Et du grand Fabius la valeur réfléchie,
Dans le feu des combats, au milieu des hasards,
Le héros que tu vois sut illustrer sa vie.

FRAGMENS HISTORIQUES

SUR

LA CARRIÈRE CIVIQUE ET MILITAIRE

DE

S. Ex. Mgr. LE MARÉCHAL

DE KELLERMANN.

Sœpe fortunâ magnus, semper animo maximus.
Vel. Pat.

Dès les premiers combats qui couvrirent la terre de deuil, et qui firent gémir l'humanité, des idées de grandeur et de puissance furent attachées aux chefs des armées qui, en étendant les limites de leur patrie, foulèrent l'héritage de l'homme obscur et paisible, étranger à ces funestes querelles.

Mais combien de titres plus précieux que le surnom de grand qu'il a mérité, seront acquis sur le cœur des hommes sensibles et dans le souvenir de tous les âges, au général qui, formant et disciplinant trois armées dans un court espace de tems, fut le premier ami de ses soldats; qui, employant à les secourir une partie de sa fortune en des tems de pénurie, sut maintenir dans les camps, et dans des momens d'insubordination et d'anarchie, par le seul ascendant de ses vertus, les sages rigueurs de la discipline militaire et le respect pour les lois civiles, ces dogmes conservateurs des armées; et qui, par un de ces jeux de la fortune protectrice des grands hommes, ne compta sous ses drapeaux qu'un très-petit nombre de combattans à des époques glorieuses pour son nom et sa patrie, et dans ces journées décisives qui fixent le sort des empires.

Telles sont les idées qui se présenteront à nos derniers neveux déroulant les pages de nos annales, ces pages obscurcies par nos discordes civiles, mais se reposant sur le tableau de nos succès militaires obtenus par les talens du général en chef Kellermann, dans le nord, sur les rives du Rhin, à Valmy et en Italie.

N'anticipons point sur l'ordre des tems, en esquissant la carrière d'un général dont l'avancement rapide fut le prix de plusieurs actions d'éclat.

En 1736, le 22 septembre, Strasbourg vit naître, dans ses murs, celui qui devait un jour les défendre.

François-Christophe De Kellermann y dut le jour à une famille recommandable par des services rendus à la patrie, et qui comptait une longue série d'hommes vertueux.

Dès ses plus jeunes années, il montra un jugement sain, une grande pénétration d'esprit, facultés si nécessaires aux personnages destinés à jouer un grand rôle sur le théâtre du monde. Dans l'âge où le commun des hommes s'adonne à des goûts futiles et légers, le jeune Kellermann se saisit d'un sabre et d'un casque. Leur poids n'épouvanta point ses mains encore débiles ; et sa famille voulant seconder d'aussi heureuses dispositions, le plaça sous les étendards de Lowendal.

Un militaire d'une réputation distinguée guida donc ses premiers pas dans la carrière de la gloire ; et Kellermann se trouva, par un rapprochement heureux, l'élève de celui qui fut le compagnon d'armes du vainqueur de Fontenoi et de Laufeld. C'est ainsi que la postérité lira un jour, sur la même ligne, les noms de Saxe, de Lowendal, de Kellermann, qui passant enseigne dans royal Bavière, et lieutenant dans les volontaires d'Alsace en 1756, fut nommé capitaine deux ans après. Il dut la rapidité de ses grades à une valeur et à des talens qui le firent remarquer dans ces campagnes glorieuses exécutées avant 1762, au milieu des possessions de la maison d'Autriche, qui aurait pu dès-lors appercevoir qu'un début aussi brillant n'était que le prélude de ces savantes combinaisons qui, un jour, paraliseraient ses forces en Italie.

A la fin de la guerre, la rigueur des ordonnances se tut devant les suffrages de l'armée, et notre jeune héros obtint, dans son printems, cette décoration militaire alors ambitionnée par de vieux guerriers. Bientôt après, capitaine dans la légion de Conflans, il se trouva, en 1769, à la tête d'une superbe compagnie de hussards.

Peu après cette époque, la France jouissant de la paix, le capitaine Kellermann faisait les délices et l'ornement des sociétés; car ce militaire ne fut pas insensible aux plaisirs, mais il sut toujours en subordonner la jouissance à ses glorieux travaux; et souvent dans la suite, autour d'un banquet où régnaient les graces et la gaîté, on l'a vu réfléchir sur les plans d'une campagne savante qui allait s'ouvrir.

Dans les tems dont nous venons de parler, la France se trouvait en sûreté sous le bouclier de ses défenseurs ; mais l'ame ardente de l'un d'entre eux se croit dans un horizon trop borné ; celle de Kellermann brûle de rentrer dans la carrière des combats ; il court en affronter les hasards dans un royaume étranger, mais dont le système politique ne l'était pas aux intérêts de sa patrie.

La Pologne offrait alors un spectacle qui s'est renouvelé si souvent dans les royaumes électifs, celui d'un grand corps dont les membres se déchirent.

Plusieurs officiers supérieurs briguent l'honneur d'aller servir pour la bonne cause. Kellermann se met à leur tête ; mais sa réputation l'avait devancé, et dès son arrivée il est porté au commandement de la cavalerie des confédérés. C'est dans ce poste distingué qu'il favorisa, avec tant de succès, la prise du château de Cracovie ; mais depuis, et à son exemple, combien d'officiers supérieurs ont été cueillir des lauriers sur les glaces du nord, près des rives de la Mer-Noire, ou parmi les feux de l'autre hémisphère !

Le fait d'armes que nous venons de citer valut à Kellermann, à son retour dans sa patrie, le rang de lieutenant-colonel. En 1779, il fut nommé major du régiment de Conflans. En 1780, devenu lieutenant-colonel à la formation du colonel-général hussards, il instrusit ce corps, de manière à attirer sur lui les regards des officiers expérimentés et mériter leur estime pendant tout le cours de la guerre.

L'année 1784 le vit décoré du grade de mestre de camp et de celui de brigadier ; mais un mérite si généralement reconnu devait bientôt le porter au rang d'officier-général ; il l'obtint en 1788.

Nous touchons à cette époque à jamais célèbre dans les annales du monde, qui en a ressenti de si vives secousses ; à cette époque où tous les ressorts d'une antique monarchie demandaient une main habile pour leur imprimer un mouvement plus assuré, et un génie qui sut profiter de la leçon des siècles.

Plusieurs Officiers - généraux et M. le

maréchal de camp Kellermann en sentirent la nécessité ; ils eussent desiré sans doute que la couronne de France pût alors être raffermie sur la même tête. Mais M. le Maréchal, qui donnait, dans une monarchie, l'exemple des vertus républicaines, résolut de servir un monarque dont il était estimé, et ne voulut point s'éloigner du sol français.

Le ministère cherchait un officier-général qui, par ses lumières, ses talens et son intégrité reconnue, pût réunir les suffrages des chefs des corps et la confiance des soldats. Parmi ceux-ci, plusieurs réclamaient le dépouillement des comptes de leur état-major. Le maréchal de Kellermann, désigné pour cette opération, s'en acquitta avec toute l'équité qui l'a toujours caractérisé, et mérita, dans toutes ses opérations, la sanction des militaires de tout grade. Il fut chargé, peu de tems après, du commandement des troupes stationnées sur le haut et bas Rhin.

Ses services furent récompensés du cordon rouge et du grade de lieutenant-général. Au mois d'août 1792, il obtint celui de général d'armée pour le commandement en chef de la réunion des troupes employées près du Rhin et de la Sarre.

La barrière de la gloire s'ouvre devant lui. Les campagnes glorieuses des Français dans le nord, leurs victoires en Champagne, dans le Piémont et en Savoye, le maintien de la discipline militaire, au milieu des bataillons de nouvelle levée, leur instruction à l'époque des différentes coalitions, la science des positions par laquelle furent tenues en échec les armées autrichiennes en Italie : tous ces faits se rattachent au nom de celui dont nous esquissons l'histoire. Un officier supérieur, honoré également de sa confiance, s'est chargé de les transmettre en détail à la postérité.

Qu'il me soit permis de jeter encore quelques fleurs sur une carrière aussi brillante. Les faits qui suivent, détachés de son histoire, pourront servir d'élémens à ceux qui entreprendront de l'écrire. Ils sont de nature à ne pas se perdre dans le vague de l'avenir, qui doit les conserver pour l'exemple des héros français.

Au milieu des tableaux sanglans de la guerre, l'ame se repose délicieusement sur des actes philantropiques; la plupart des traits qui suivent, seront une preuve de plus que la sensibilité est le type des grandes ames.

TRAITS GÉNÉREUX ET PHILANTROPIQUES.

Un ancien chef de bataillon voyageait de Grenoble à Chambéry avec un militaire doué de beaucoup de mérite, mais ayant à se plaindre des torts de la fortune. Il avait avec lui un de ses neveux, qui ne paraissait pas jouir d'une plus grande aisance. L'un et l'autre éprouvaient beaucoup d'embarras à paraître devant le général Kellermann; mais le chef de bataillon les rassura, parce qu'il avait déjà eu l'honneur de voir et de connaître la philantropie du général en chef. Le lendemain matin, il rencontra ce bon et vertueux militaire sortant, avec son neveu, de l'hôtel du général; ils étaient satisfaits et remplis de joie; ils avaient obtenu, dans quelques minutes, la place qu'ils sollicitaient. Ah! c'est ainsi que le maréchal de Kellermann sut toujours honorer la vertu malheureuse.

Un chef de bataillon, chargé de l'instruction de son corps peu exercé et de nouvelle levée, se plaignait de la médiocrité de ses ressources, au général Kellermann. Il lui dépeignait sa position, qui l'obligeait à prendre sur ses besoins et sur ceux de ses enfans, les honoraires de plusieurs instructeurs anciens dans le maniment des armes, et dans le régiment de Boulonais. « Tranquillisez-vous, lui dit le général; je me charge de fournir moi-même à la dépense que nécessite l'instruction de votre bataillon, et qui pourrait rendre plus pénible la situation d'une famille que vous me dépeignez nombreuse ».

Dans l'ancienne capitale des Allobroges, dans Chambéry, habité par un peuple sage et pensant, le délire révolutionnaire néanmoins avait gagné quelques esprits, qui, dans la fermentation des circonstances, provoquèrent la vente des biens appartenans à des officiers absens, mais que leur devoir retenait sous les drapeaux du duc de Savoye. Le général Kellermann opposa constamment aux cris des passions, aux desirs d'une cupidité effrénée, le calme de la raison, la voix de la justice. Il mit sous la sauvegarde des lois, sous sa protection spéciale les biens, les épouses et les filles des militaires qui combattaient pour la défense de leur souverain. Mais, par un juste retour, lorsque nos armées eurent mis, pour les défendre, les Alpes derrière elles (expression forte et énergique dont se servait le général Kellermann, peu de tems avant la conquête qu'il fit de ces contrées), lorsque les armées françaises se trouvèrent au sein de l'Italie, réunies aux drapeaux du duc de Savoye, les officiers piémontais s'assemblèrent, et furent porter en masse, au général, leurs hommages et les larmes si douces de la reconnaissance.

Un bataillon de volontaires traversant le Dauphiné pour se rendre à Chambéry, et recelant dans son sein quelques individus imprudens, s'était reposé dans un village à quelques lieues de Grenoble. Ces nouveaux militaires, étourdis par les fumées du vin et par celles encore d'une liberté chimérique, et méconnaissant la voix de leurs chefs, rencontrèrent des agriculteurs bons et simples, qui ignoraient, dans leur repos obscur et vertueux, les circonstances nouvelles et les nouvelles lois de la république française.

Ayant négligé de se décorer de la cocarde nationale, ils éprouvèrent de mauvais traitemens, qui eussent été poussés à l'excès, sans l'énergie des chefs qui défendirent, avec courage, la cause des mœurs agrestes et casanières. Néanmoins, la commune qui leur avait donné le jour, recueillit et consigna leurs plaintes dans un procès-verbal, et le fit présenter au général en chef, qui, à l'instant, donna des ordres sévères, et fit saisir ceux sur qui pesaient les présomptions.

La loi réclamait trop hautement contre de pareils abus; les prévenus, saisis, restèrent long-tems dans les fers, et les mouillèrent des larmes de leur repentir. Mais ce qui contribua le plus à leur mise en liberté, qu'ils durent en partie à la générosité des habitans de la commune outragée, qui, quoique cités, ne se rendirent point à la Cour martiale; ce furent les instances et les prières de leur commandant, qui, ayant des rapports précieux et journaliers avec le général en chef, usa de tout son crédit, auprès de lui, pour appaiser son indignation, et mit sous ses yeux, à côté du code militaire, celui de l'humanité, qu'on ne réclama jamais en vain auprès de lui. Sur ses pages était écrite la grace des coupables, déjà punis par une longue captivité, et que le délire du jour et l'ignorance de la discipline militaire avaient entraînés dans des démarches criminelles.

Lors des momens orageux de la révolution, les liens de la société furent brisés; ceux de la subordination dans les armées éprouvèrent le même sort. Ce ne fut qu'à la haute opinion qu'eurent du général Kellermann les troupes confiées à son commandement, que l'on dut le maintien de la discipline militaire au milieu d'elles. Néanmoins, dans des momens d'absence, et lorsque sa présence était nécessaire sur plusieurs points éloignés, il y eût quelques insurrections momentanées.

Un chef de corps, connu à l'armée par

une probité rigoureuse, par son activité pour le service, par les suffrages des officiers sous ses ordres, par le sacrifice d'une partie de sa fortune aux besoins du bataillon qu'il commandait, honoré d'ailleurs de l'estime et des bontés du général en chef, ne fut point à l'abri des dénonciations.

A Vizile, près de Grenoble, il est dépeint, au général de l'armée des Alpes, sous les plus noires couleurs, comme appartenant à une caste privilégiée et indigne par conséquent de commander à des soldats républicains.

Le général démêle, dans ces démarches haineuses, les reproches les moins fondés, mais qui ne pouvaient influer sur un jugement aussi sain que le sien : il repousse, avec véhémence, des dénonciateurs atroces, et continue d'honorer de sa confiance l'officier supérieur, qui dut, dans cette occasion, à sa fermeté, la vie et l'honneur.

ANECDOTE HISTORIQUE

Qui remplira un jour une des pages de la vie de Mgr le maréchal DE KELLERMANN.

~~~~~~~~~~~

DES vues semblables, une égalité de talent durent lier, au commencement de la révolution, les généraux Kellermann et Dumourier. A Valmy, courant les mêmes chances, ils se prêtèrent de mutuels secours.

Une estime réciproque devait encore resserrer les nœuds de l'amitié, parmi deux hommes que la république naissante montrait avec orgueil à l'Europe étonnée. Mais la désertion du second, inspirée par la crainte ou suggérée par des motifs moins louables encore, en brisant tous les rapports parmi ces deux généraux, pouvait laisser planer le soupçon sur la tête du premier.

Au moment où l'on apprit à Paris la défection de Dumourier et son éloignement du territoire français, l'assemblée nationale et souveraine, adressa aux représentans du peuple, en mission près des armées, l'ordre de mettre en arrestation, à la même minute, tous les généraux en chef. Cette mesure ne devait durer que l'intervalle de tems nécessaire pour dérouler leurs papiers et leur correspondance.

A l'armée des Alpes, le général Dornac est momentanément investi du commandement. Un militaire moins vertueux l'eut vu, avec plaisir, passer dans ses mains; mais sa délicatesse repoussa des vues ambitieuses; et s'il va remplir une mission pénible, l'inflexible rigidité des principes du général Kellermann le rassure.

Il se rend à l'hôtel du généralat, et partage les vœux des chefs de l'armée; car des bruits désastreux s'étaient déjà répandus dans les cafés et sur la place de Chambéry.

Qui pourrait peindre parmi les militaires de tout grade et venant en foule se confondre sur le passage de Dornac, les incertitudes pieuses de la crainte et de l'espérance sur le sort de Kellermann, de ce général adoré? Mais ce jour devint pour lui un jour de triomphe; car dans quelques minutes, le prompt retour de Dornac rassura l'armée et les habitans vertueux de la capitale des Monts-Blancs. Ce militaire distingué par l'aménité de ses mœurs et par l'ancienneté de ses services, traversant à cheval la place publique, cherche à dissiper des momens de crainte au sujet de Kellermann, soit par sa contenance, soit par les témoignages d'une gaîté franche et loyale, soit par le rapprochement heureux d'une citation (1) qui, rappelant l'innocence de nos premières années, peint, avec tant de vérité, la pureté des principes de l'homme dont nous traçons l'histoire.

TRAIT DE DÉSINTÉRESSEMENT.

Lors des efforts impuissans de l'Autriche, à l'époque de ses plus grands revers, il fut agité parmi ses généraux de chercher à éloigner le général Kellermann, commandant en chef l'armée d'Italie, des intérêts de sa patrie; mais l'austérité de ses principes était connue. On ne tenta pas de les faire varier avec de l'or. On savait trop bien que ce stimulant si puissant chez le commun des hommes, n'avait pas de prise au milieu des affections vertueuses du général de l'armée d'Italie. On lui offrit les dignités les plus éminentes

---

(1) Le général Dornac répéta plusieurs fois, en repassant sur la place à Chambéry, l'expression gracieuse, *candidior nive*.

de la monarchie; on lui présenta les séductions attrayantes des premiers honneurs militaires, et la faveur d'un souverain rappelé.

Le prestige s'évanouit devant la rigidité de sa morale, et des offres si spécieuses furent repoussées avec toute l'indignation de la vertu.

TRAIT D'UNE VALEUR CHEVALERESQUE.

A Carrouge, près de Genève, dans ces momens orageux où les plus grands services ne rencontraient que des ingrats, un officier d'un bataillon nouvellement organisé méconnait la voix du général en chef, et le désigne à ses camarades comme ayant perdu la confiance de l'armée.

Kellermann, emporté par un mouvement de vivacité, court sur le militaire insubordonné, descend de cheval et lui demande satisfaction dans l'idiome du point d'honneur, en qualité de simple citoyen français. Il eut pu sans doute ne pas donner, dans une rencontre particulière, des preuves de cette valeur si souvent éprouvée sur les champs de bataille; mais une vertu chevaleresque l'emporta, et l'indignation des militaires cantonnés près de Carrouge le vengea des propos aussi criminels, en chassant, pour jamais de leurs rangs, celui qui s'en était rendu coupable.

TRAIT DE FERMETÉ HÉROIQUE.

Tandis que les factions déchiraient la république, et que Robespierre, surpassant les proscriptions de l'ancienne Rome, frappait de son poinçon les noms des meilleurs citoyens, ceux des têtes les plus chères à la patrie, ses sicaires, sous le nom de juges, s'emparaient de ses sanguinaires tablettes, et désignaient les victimes aux bourreaux; la fermeté du général Kellermann, cité à ce tribunal monstrueux, ne s'y démentit point. La grandeur de son ame y parut avec éclat, lorsque, victime de l'anarchie, il s'y montra chargé de fers ombragés par ses lauriers, et que, tel qu'un autre Scipion, il sut confondre de vils calomniateurs, en provoquant, par l'élévation de ses réponses, (1) d'anciens, de glorieux souvenirs.

---

(1) Qu'as-tu fait pour la république, lui dit le farouche Fouquier-Thinville? *A Valmy, je l'ai sauvée,* répond le héros malheureux.

NOTES

Sur la Vie de Mgr. le maréchal DE KELLERMANN.

La postérité, en admirant le héros, aimera à raconter, pour ainsi dire, tous les détails de sa vie privée.

Dans les tems à venir, elle cherchera encore à Chambéry, dans l'hôtel de Kellermann et sur les murs de son cabinet, les plans des savantes campagnes qu'il avait formés pour la conquête des Alpes et de l'Italie.

Dès l'âge le plus tendre, ses voyages dans le nord de l'Europe, et par la suite dans les contrées méridionales, lui ont rendu plusieurs idiomes familiers; il a pénétré le génie de différentes langues. Il parle l'allemand, le français et l'italien avec pureté, quoique la continuité de ses sérieuses et brillantes occupations ait dû l'éloigner de l'étude des sciences abstraites. On peut assurer qu'aucun genre de connaissances ne lui est étranger.

Son style est celui des anciens conquérans : beaucoup d'idées en peu de lignes.

Personne n'apporta plus de célérité que

lui dans les opérations militaires. A Valmy, l'adjudant - général le Doyen le rencontra le premier à cheval à deux heures du matin, sur ce cheval qui fut tué sous lui quelques heures après.

De vieux militaires ont souvent remarqué qu'il mettait autant de grace que de dignité en passant au galop devant le front de bannière d'une division en bataille.

Il affecte, pour le maintien de la discipline, une sévérité qui n'est pas dans son cœur.

Levé de très-bonne heure, il dicte lui même à messieurs ses secrétaires.

Il donne peu de tems à ses repas. La place à sa droite paraît ordinairement destinée à l'un de ceux qui a la première dans son estime.

En portant l'attention jusqu'à servir ses convives, même alors il s'occupe d'idées militaires.

Son ame se peint dans le feu de ses regards; mais à son ardeur pour tout ce qui est grand, il réunit les vues les plus profondes pour tout ce qui est utile.

L'auteur de ces fragmens lui a ouï dire plusieurs fois à Chambéry, qu'il ressentait un accès de fièvre tous les jours, une demi-heure après son coucher. C'est qu'alors la vivacité de son imagination lui peignait, au milieu des voiles de la nuit, sur des cartouches brillans, les images glorieuses de la patrie et de l'honneur.

Une des causes de la haute considération et de la confiance que Mgr. le maréchal de Kellermann recueillit constamment au milieu des armées, ce furent les soins qu'il prit lui-même d'honorer le soldat français, de faire naître en lui la conscience d'une existence estimable, de l'ennoblir, pour ainsi dire, à ses propres yeux.

L'auteur de ces fragmens lui a ouï dire plusieurs fois, en passant dans les rangs :

» Un soldat français est le premier homme du monde ».

Ce propos était digne d'un général qui avait étudié le caractère national, et qui manifestait sa sécurité dans ces momens incertains pour le sort de la France, dans ces momens où il était si essentiel de prendre une attitude imposante. Mais ce général, si fier à la tête des colonnes françaises, est doux et simple dans son intérieur, dans l'intimité de sa correspondance tout comme dans la société; seul il oublie l'élévation de son rang.

Après la bataille d'Austerlitz, de cette journée au succès de laquelle concoururent si puissamment les manœuvres savantes des généraux Nansouty et Kellermann, la nouvelle de la blessure d'un fils chéri parvint sur les bords du Rhin, où commandait Mgr. le maréchal, son père, et ne peut que lui inspirer les plus vives alarmes : l'armée et la France les partagent; mais à l'instant où il apprend qu'un destin plus propice à veillé sur une tête si chère, et que sa blessure ne sera pas mortelle, sa joie devient sans bornes, il éprouve le besoin de la répandre, et il écrit lui-même à ce sujet aux personnes attachées à sa maison.

Ami vrai, adoré de sa famille, protecteur sans ostentation, il écrivait à un colonel qu'il honorait d'une estime particulière : *Si jamais je puis vous en donner des preuves, ce sera une vraie jouissance pour moi.*

L'occasion se présenta d'écrire au ministre en sa faveur : Mgr le maréchal le recommande dans les termes les plus honorables et les plus flatteurs.

Ces traits qui peignent la bonté de l'ame sont bien dignes de la majesté de l'histoire ; ils échappent à l'homme qui peint en grand, jamais à l'observateur.

Les arbres utiles ombrageront l'urne du philosophe agronome qui aura, par ses veilles, instruit ses concitoyens ou amélioré leur sort.

Les colonnes et les piramides élevées par l'amitié privée ou par l'estime publique, attesteront long-tems à la postérité soit un sentiment particulier, soit la reconnaissance nationale.

Mais le tems ou la foudre frappera ces monumens augustes de la nature et ces traces fastueuses des arts; ils les réduiront en poussière, les mêleront tantôt avec des restes chéris, tantôt avec des cendres illustres, tandis que l'empreinte de l'ame, qui fut grande ou utile, confiée au burin de nos fastes, surnagera sur l'océan des siècles.

FIN.

www.ingramcontent.com/pod-product-compliance
Lightning Source LLC
Chambersburg PA
CBHW060912050426
42453CB00010B/1677